I0007840

Windows 10 da riga di comando

Guida rapida alla command-line di Windows 10

Part II

Circa l'autore

RICCARDO RUGGIU è nato a Cagliari nel 1976.

Lavora nel settore della tecnologia silicon-based da oltre vent'anni, e ha maturato una solida esperienza lavorando presso le più importanti aziende IT in Italia e all'estero.

La musica ha un grande impatto nel suo tempo libero; è un musicista esperto (pianoforte, chitarra e sintetizzatore), Dj e profondo conoscitore di apparecchiature audio domestiche e professionali.

Ringraziamenti

Un ringraziamento speciale alla mia famiglia, e agli amici, per essere sempre presenti.

Questo libro è dedicato a tutti i curiosi, quelli che non si stancano mai di imparare e sono sempre alla ricerca di soluzioni alternative e migliori... per diventare tecnici migliori!

R.Ruggiu

Limite di Responsabilità/Esclusione di Garanzia

L'autore non rilascia dichiarazioni o garanzie in merito all'accuratezza o completezza dei contenuti di questo lavoro e in particolare declina ogni garanzia, incluse, senza limitazione, garanzie di idoneità per uno scopo particolare. I consigli e le strategie qui contenuti potrebbero non essere adatti a ogni situazione. Se è necessaria l'assistenza professionale, è necessario cercare i servizi di una persona professionale competente. L'autore non sarà responsabile per i danni derivanti dal presente modulo. Il fatto che in questo lavoro si faccia riferimento a un'organizzazione come citazione e/o potenziale fonte di ulteriori informazioni non significa che l'autore approvi le informazioni che l'organizzazione può fornire o le raccomandazioni che può fornire.

Windows e Windows 10 sono marchi registrati di Microsoft Corporation negli stati Uniti e/o altri paesi. Tutti gli altri marchi sono di proprietà dei rispettivi proprietari.

Prefazione

Eccoci giunti alla seconda parte di questa guida rapida sulla riga di comando.

Microsoft non ha mai pensato di abbandonare la riga di comando e, ora che sai già destreggiarti coi comandi appresi nel libro precedente, posso dirti che con Windows 10 ha addirittura implementato il copia/incolla coi tasti CTRL+C e CTRL+V (puoi abilitare la funzionalità cliccando su proprietà e mettendo la spunta nella scheda opzioni).

Questa seconda parte, "alza decisamente l'asticella" e prende in considerazione tutta una serie di comandi noti e meno noti evidenziando l'efficacia e al tempo stesso la pericolosità di alcuni comandi (se non utilizzati nel modo corretto); prende in esame alcuni comandi che potrebbero sembrare inutili nella loro semplicità, ma che in realtà hanno una grande efficacia se utilizzati con intelligenza e soprattutto nel contesto corretto.

Se sei un bravo tecnico (o vorresti esserlo), dovresti saper padroneggiare al meglio il prompt dei comandi.

Sicuramente questa seconda parte ti sarà utile per proseguire il viaggio nel prompt dei comandi e ti aiuterà nelle piccole e grandi sfide informatiche quotidiane.

Come anche nel primo volume, ho diviso questa seconda parte in tre capitoli; il primo prende in esame configurazioni e utilità varie.

Il secondo si occupa di utilità e verifiche nell'ambito delle reti informatiche.

Il terzo fornisce comandi utili, quando il pc entra per così dire "in officina" per ricevere le cure del personale del laboratorio di assistenza tecnica; questi comandi, ti aiuteranno nella diagnosi del problema, nel recupero di informazioni e dati importanti per la tempestiva risoluzione dei guasti.

Non mi resta che augurarti buona lettura!

Sommario

Capitolo I : Configurazioni e utilità varie
Convertire partizioni FAT in NTFS

Anche se oggi tutti i pc in vendita hanno già il disco rigido in NTFS, potrebbe capitarti di dover convertire un disco (o una chiavetta USB ad esempio) in formato NTFS.
Per fare la conversione puoi utilizzare l'utility convert.
Nel caso volessi convertire l'HDD del pc, ecco il comando da digitare:

convert C: /fs:ntfs

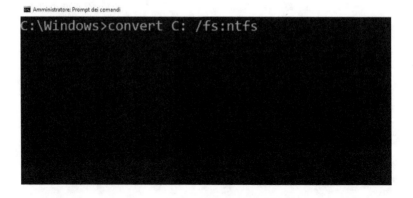

In questo caso, l'opzione "/fs:ntfs" specifica che tu vuoi che il volume (C:) sia convertito in NTFS.

IMPORTANTE: se devi convertire l'hard disk su cui è installato il sistema operativo, l'operazione sarà effettuata al riavvio del pc, poiché il disco è bloccato dal sistema operativo stesso.

Nel caso in cui volessi convertire una chiavetta USB, dovrai semplicemente cambiare la lettera del volume corrispondende (es. D, E, etc.).

Di seguito la lista delle altre opzioni disponibili:

/V   Specifica che il comando verrà eseguito in
            modalità dettagliata.
/CvtArea:nomefile
            Specifica un file contiguo nella directory
            radice che verrà utilizzato come segnaposto
            per i file di sistema NTFS.
/NoSecurity Specifica che le impostazioni di sicurezza
            nelle directory e nei file convertiti
            consentiranno l'accesso a tutti gli utenti.
/X   Forza prima lo smontaggio del volume, se
            più necessario. Tutti gli handle aperti al
            volume non saranno validi.

2

Aggiornare le policy di gruppo con l'utility GPUpdate

L'utility GPUpdate (Group Policy Update) ti permette di aggiornare le policy di gruppo su un pc all'interno di un dominio.

Questa utility è molto utile se vuoi provare a correggere problematiche su pc che sono sempre accesi 24 ore su 24; in questo modo puoi aggiornare la macchina con le ultime policy di gruppo, qualora ne siano state implementate di nuove.

Sostituisce l'opzione /refreshpolicy dell'utility SecEdit, che è stata dismessa e dunque non è più utilizzabile.

Di seguito l'output del comando:

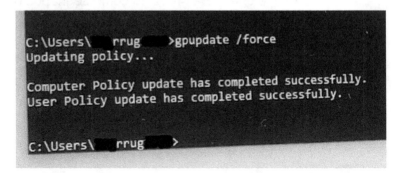

```
C:\Users\    rrug    >gpupdate /force
Updating policy...

Computer Policy update has completed successfully.
User Policy update has completed successfully.

C:\Users\    rrug    >
```

L'opzione /force nell'utility GPUpdate, applica nuovamente tutte le impostazioni dei criteri. Per impostazione predefinita, vengono aggiornate solo le impostazioni dei criteri modificate.

L'utilità Compact

Uno dei vantaggi dell' NT file system (o NTFS) è la possibilità che include, di comprimere i file. Questa caratteristica offre due vantaggi; il primo è la possibilità di archiviare una maggiore quantità di dati su un singolo hard disk. Il secondo, a causa del modo in cui funziona un hard disk, puoi riscontrare un leggero aumento delle prestazioni comprimendo i file. A differenza di altri comandi/utilità, Compact non visualizza un output sotto forma di tabella; ogni riga visualizza una sequenza di voci utilizzate per determinare il rapporto di compressione:

```
C:\>COMPACT

Elenco C:\
I nuovi file aggiunti a questa directory non verranno compressi.

    0 :          0 = 1,0 a 1   $WINRE_BACKUP_PARTITION.MARKER
    1 :          1 = 1,0 a 1   BOOTNXT
   80 :         80 = 1,0 a 1   bootTel.dat
```

Il "fondo" dell'output del comando, mostra un riepilogo delle informazioni relative alla directory, includendo il numero dei file compressi, la misura attuale e quella compressa

Di tutti i file e il rapporto di compressione per la directory in generale:

La lista di seguito, decrive ciascuno dei comandi:

/C Comprime i file specificati. Le directory verranno contrassegnate in modo che i file aggiunti successivamente vengano compressi, a meno che non si specifichi /EXE.

/U Decomprime i file specificati. Le directory verranno contrassegnate in modo che i file aggiunti successivamente non vengano compressi.

Se si specifica **/EXE**, verranno decompressi solo i file compressi come eseguibili. Se l'argomento viene omesso, verranno decompressi solo i file compressi NTFS.

/S Esegue l'operazione specificata sui file nella directory specificata e in tutte le sue sottodirectory. La directory predefinita è quella corrente.

/A Mostra i file con gli attributi nascosti o di sistema. L'impostazione predefinita prevede che questi file vengono omessi.

/I Continua ad eseguire l'operazione specificata anche dopo che si sono verificati degli errori. L'impostazione predefinita prevede che COMPACT si arresti quando incontra un errore.

/F Forza l'operazione di compressione su tutti i file specificati, anche quelli che sono già compressi. L'impostazione predefinita prevede che i file già compressi vengano ignorati.

/Q Restituisce solo le informazioni essenziali.

/EXE Usa la compressione ottimizzata per i file eseguibili letti di frequente e non modificati. Gli algoritmi supportati sono:
  XPRESS4K   (il più veloce) (impostazione predefinita)
  XPRESS8K
  XPRESS16K
  LZX   (maggiore compressione)

/CompactOs Imposta o interroga lo stato di compressione del sistema. Le opzioni supportate sono:
query - Interroga lo stato compatto del sistema.
always - Comprime tutti i file binari del sistema operativo e imposta lo stato del sistema come compatto, mantenuto finché non viene modificato dall'amministratore.
never - Decomprime tutti i file binari del sistema operativo e imposta lo stato del sistema come non compatto, mantenuto finché non viene modificato dall'amministratore.

/WinDir Usato con /CompactOs:query, durante l'interrogazione del sistema operativo offline.
Specifica la directory in cui è installato Windows.

nomefile Specifica un criterio di ricerca, un file o una directory.

Usato senza parametri, COMPACT visualizza lo stato di compressione della directory corrente e dei file in essa contenuti. Si possono utilizzare più nomi di file e caratteri jolly. È necessario inserire spazi tra più parametri.

Comprimere i files

In tanti, pensano che per comprimere un file o creare archivi di file compressi sia necessario installare software di terze parti (es. WinZip e/o WinRAR per citarne due tra i più famosi).
Puoi utilizzare il formato di file "cabinet" messo a disposizione da Windows (cab).
Se provi a fare una ricerca sul tuo pc, scoprirai che sono presenti molti file CAB.
Infatti Microsoft è solita comprimere molti file applicativi relativi al setup di Windows.

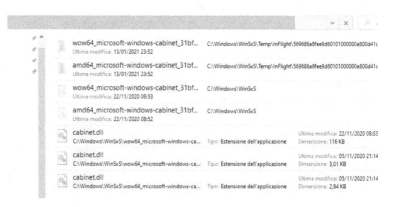

Lo strumento che mette a disposizione Windows è **MakeCAB**.

L'utility utilizza la sintassi seguente:

MAKECAB [/V[n]] [/D var=value ...] [/L dir] source [destination]
MAKECAB [/V[n]] [/D var=value ...] /F directive_file [...]

La lista seguente descrive ciascuno dei comandi:

source   File da comprimere.
destination   Nome del file da dare al file compresso. Se viene omesso, l'ultimo carattere del nome del file di origine viene sistituito con l'underscore (_) e utilizzato come destinazione.
/F directives   Un file con direttive MakeCAB (può essere ripetuto). Fare riferimento a Microsoft Cabinet SDK per informazioni sul directive_file.
/D var=value   Definisce la variabile con il valore specificato.
/L dir   Indica la posizione di destinazione (l'impostazione predefinita è la directory corrente).
/V[n]   livello di verbosità (1..3).

Condivisione cartelle

Puoi utilizzare l'utility SHRPubW per la condivisione delle cartelle.

C:\Windows>SHRPubW

Dopo aver digitato il comando e premuto invio, visualizzerai come un pop-up l'interfaccia grafica per la creazione guidata cartella condivisa:

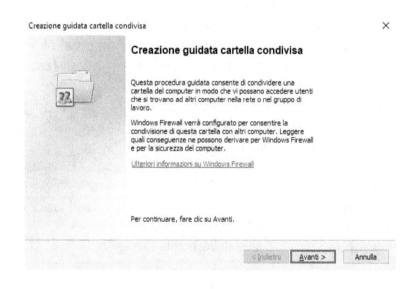

Creazione guidata cartella condivisa   ✕

Creazione guidata cartella condivisa

Questa procedura guidata consente di condividere una cartella del computer in modo che vi possano accedere utenti che si trovano ad altri computer nella rete o nel gruppo di lavoro.

Windows Firewall verrà configurato per consentire la condivisione di questa cartella con altri computer. Leggere quali conseguenze ne possono derivare per Windows Firewall e per la sicurezza del computer.

Ulteriori informazioni su Windows Firewall

Per continuare, fare clic su Avanti.

< Indietro   Avanti >   Annulla

Visualizzare rapidamente il nome macchina e l'utente attualmente loggato sulla macchina

Per verificare rapidamente il nome del pc in uso e il nome utente che sta utilizzando il pc, puoi utilizzare il comando seguente:

C:\Windows>WhoAmI

Ecco l'output:

```
Amministratore: Prompt dei comandi                                    —   □   ×

C:\Windows>WhoAmI
desktop-e7 2 4 \ricky

C:\Windows>
```

Nella prima parte dell'output (che precede il simbolo di backslash) è indicato il nome del pc (desktop-etc.etc.), di seguito al backslash è indicato l'utente attualmente loggato sulla macchina (ricky).

Impostare e modificare i colori della finestra del prompt

Per modificare i colori ci sono 2 possibilità.
Puoi cliccare nell'angolo in alto a sinistra e poi su proprietà come nella figura sotto:

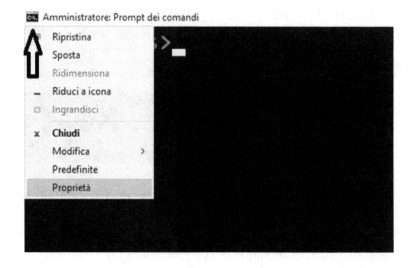

Successivamente, seleziona il tab "Colori" e procedi alla modifica del colore del testo e/o dello sfondo, come

Indicato di seguito.

Clicca ok, per salvare le modifiche.

Come seconda opzione, puoi utilizzare il comando *color*.

COLOR [attr]

attr   Specifica l'attributo relativo ai colori dell'output della console.

L'attributo relativo ai colori è costituito da DUE cifre esadecimali: la prima per lo sfondo, la seconda per il colore di primo piano.
Per ognuno di tali valori è possibile scegliere una delle cifre seguenti:

0 = Nero	8 = Grigio
1 = Blu scuro	9 = Blu
2 = Verde	A = Verde limone
3 = Verde acqua	B = Azzurro
4 = Bordeaux	C = Rosso
5 = Viola	D = Fucsia
6 = Verde oliva	E = Giallo
7 = Grigio chiaro	F = Bianco

Dunque se digiti:

C:\Windows>color 0a

Otterrai lo sfondo nero e il colore del testo verde limone.

E ancora, color fc imposta il rosso come colore di primo piano e il bianco come colore di sfondo

Per ripristinare le impostazioni iniziali, digita color e premi invio sulla tastiera.

Modificare il titolo della finestra del prompt

Apparentemente, ti sembrerà una cosa inutile ma anche la modifica del titolo di una finestra ha il suo perché.

Se ad esempio stai monitorando le prestazioni di quattro dispositivi collegati a una rete (e di conseguenza hai quattro finestre aperte), ti sarà utile nominare ogni finestra col nome dell'apparato che sta monitorando.

Per modificare il titolo di una finestra, si utilizza il comando title.

Es.
C:\Windows>title Firewall

Windows assegnerà processi diversi ad ogni finestra aperta:

E inoltre, Windows assocerà i cambiamenti dei settaggi con al titolo della finestra da cui è partito il comando.

Tastiera su schermo

Utilizzare la tastiera su schermo, può essere molto utile in termini di sicurezza e privacy.

Se ad esempio devi digitare i dati della carta di credito o altri dati importanti su un pc che non utilizzi soltanto tu e preferisci non incorrere in spiacevoli imprevisti, la tastiera su schermo fa al caso tuo.

L'azienda per cui lavori, potrebbe aver installato a tua insaputa un "Keylogger" (software/hardware che è in grado di rilevare e memorizzare tutto ciò che viene digitato sulla tastiera) sul pc aziendale, o un virus potrebbe averne installato uno sul tuo pc personale a tua insaputa, comunicando i tuoi dati a qualche delinquente.

Digitando il comando osk (On Screen Keyboard) e premento invio sulla tastiera,

ti comparirà (come un popup) una tastiera sul video come nell' esempio di seguito:

Per scrivere, dovrai utilizzare il mouse.

IMPORTANTE: quando utilizzi la tastiera su schermo, fai attenzione che non ci sia qualcuno alle tue spalle che legge quello che stai digitando (shoulder surfing) in particolare se ti trovi in ufficio o in un luogo pubblico.

Il comando runas

Se stai lavorando su un pc connesso a un dominio, e/o su cui sono configurati più utenti con privilegi diversi, il comando *runas* può esserti molto utile.

Immagina di essere loggato sul pc come utente "normale" e non avere dunque i diritti per poter installare e/o utilizzare un software.

Bisognerebbe che tu facessi il logout e ti loggassi di nuovo con un utente con privilegi di amministratore.

Altrimenti, puoi fare lo stesso utilizzando il comando runas.

Se ad esempio vuoi eseguire il registro di sistema come amministratore dovrai digitare come indicato di seguito:

runas /user:administrator regedit

Dopo aver premuto invio, il sistema richiederà la password:

Amministratore: Prompt dei comandi - runas /user:administrator regedit

```
C:\Windows>runas /user:administrator regedit
Immettere la password per administrator:
```

Nell'esempio indicato, "administrator" è l'utente configurato sul pc con privilegi di amministratore. Logicamente, dovrai indicare l'utente corretto in base alla configurazione del tuo pc/dominio.

Per eseguire il prompt dei comandi come amministratore, digita come di seguito:

runas /user:administrator cmd

Stessa cosa se desideri avviare un qualsiasi programma, dovrai scrivere come di seguito:

runas /user: nome_dominio\administrator_account nome programma

Per avviare un file batch (.bat), digita come nell'esempio:

runas /user:administrator C:\data\batchfile.bat

Oltre all'utente amministratore, dovrai indicare anche il percorso del file .bat.

In tutti i casi, dopo aver cliccato su invio, il sistema chiederà di inserire la password di administrator.

Confrontare il contenuto di due file o gruppi di file

L'utility *comp* ti permette di confrontare due o più file. Si utilizza spesso sui file di testo, per verificare che non ci siano differenze tra due file, oppure per trovare file doppi.

Di seguito la sintassi del comando:

COMP [data1] [data2] [/D] [/A] [/L] [/N=numero] [/C] [/OFF[LINE]] [/M]

data1   Specifica la posizione e il nome del primo file da confrontare.

data2   Specifica la posizione e il nome del secondo file da confrontare.

/D   Visualizza le differenze in formato decimale.

/A   Visualizza le differenze in caratteri ASCII.

/L   Visualizza i numeri delle righe differenti.

/N=numero   Confronta solo il numero specificato di righe in ogni file.

/C   Ignora la differenza tra maiuscole e minuscole dei caratteri ASCII nel confronto dei file.

/OFF[LINE] Non ignora i file in cui è impostato l'attributo offline.

/M   Non richiede di confrontare più file.

Visualizzazione e gestione dei servizi

Quando capitano malfunzionamenti, è utile controllare i servizi attivi sul pc.
E' possibile verificarli anche tramite riga di comando.
Per avere l'elenco dei servizi attivi sulla macchina, puoi digitare il comando *net start*.

Di seguito l'output:

```
C:\Windows>net start
I seguenti servizi di Windows sono avviati:

    Accesso dati utente_7c260
    Acquisizione di immagini di Windows (WIA)
    Adobe Acrobat Update Service
    Agent Activation Runtime_7c260
    Agente mapping endpoint RPC
    Aggiorna il servizio Orchestrator
    Alimentazione
    Archiviazione dati utente_7c260
    Assistente per l'accesso all'account Microsoft
    Audio di Windows
    BFE (Base Filtering Engine)
    Cache tipi di carattere Windows Presentation Foundation 3.0.0.0
    Centro sicurezza PC
```

Ipotizziamo lo scenario in cui l'utente abbia lanciato delle stampe ma tutto si sia bloccato.

Una delle cose da verificare è che lo "Spooler di stampa" (cioè il servizio che gestisce il processo di stampa sul pc) sia attivo.

Per verificarlo, dovrai controllare che sia presente nell'elenco dell'output generato dal comando nella pagina precedente.

Bene, hai verificato e risulta attivo... tuttavia a volte è utile riavviare il servizio.

In questo caso, ti occorrerà fermarlo con il comando **net stop** seguito dal nome del servizio che vuoi interrompere.

Di seguito l'output:

```
Amministratore: Prompt dei comandi

C:\Windows>net stop spooler
Il servizio Spooler di stampa sta per essere arrestato.
Servizio Spooler di stampa arrestato.
```

Per procedere all'avvio del servizio, digita il comando *net start* seguito dal nome del servizio che vuoi avviare.

Di seguito l'output:

```
Amministratore: Prompt dei comandi

C:\Windows>net start spooler
Servizio Spooler di stampa in fase di avvio .
Avvio del servizio Spooler di stampa riuscito.
```

A questo punto, qualora il problema fosse legato al servizio dello spooler di stampa, la stampante inizierà ad attivarsi producendo le stampe richieste.

Reindirizzare l'output di un comando negli appunti di Windows

Per reindirizzare l'output negli appunti di Windows, puoi utilizzare l'utility *clip*.
Questa utility, va "accodata" tramite il "piping" al comando di cui vuoi salvare l'output.

Di seguito un esempio:

```
Amministratore: Prompt dei comandi

C:\Windows>dir | clip

C:\Windows>ping 127.0.0.1 | clip

C:\Windows>
```

Capitolo II Reti: configurazioni e verifiche
Mappare un disco di rete (Mapping) e connettersi a risorse condivise

Per mappare un disco di rete, puoi utilizzare il comando *net use*.

Scegli una lettera per il drive (es.Y) oppure scrivi asterisco (*) anziché indicare una lettera e il sistema assegnerà una lettera in automatico partendo da Z e tornando indietro in ordine alfabetico, fino a trovare la prima lettera disponibile.

Ecco un esempio:

net use Y: \\computername\sharename

Puoi anche connetterti a una risorsa condivisa su un altro pc digitando il comando:

net use \\computername\sharename

Per vedere le risorse condivise in tempo reale, digita net use.
Per ulteriori opzioni, digita net use /? nel prompt dei comandi.

Condividere risorse sulla rete con altri utenti e/o pc

Puoi vedere, creare modificare e cancellare risorse condivise come con l'interfaccia grafica.
Ad esemio puoi condividere una cartella o un hard disk con altri utenti connessi sulla stessa rete.
Per vedere l'elenco delle risorse condivise, puoi digitare *net share*:

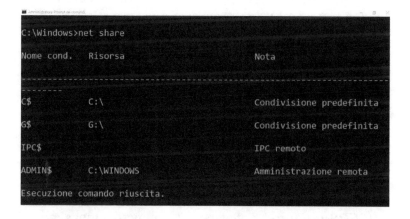

Questo comando utilizza la sintassi seguente:

Sintassi del comando:

NET SHARE nomecondivisione
            nomecondivisione=unità:percorso
            [/GRANT:utente,[READ | CHANGE | FULL]]

[/USERS:numero | /UNLIMITED]
[/REMARK:"testo"]
        [/CACHE:Manual | Documents| Programs
| BranchCache | None]
        nomecondivisione [/USERS:numero | /UNLIMITED]
[/REMARK:"testo"]
                [/CACHE:Manual | Documents
| Programs | BranchCache | None]
        {nomecondivisione | nomedispositivo |
unità:percorso} /DELETE
        nomecondivisione \\nomecomputer /DELETE

L'elenco seguente descrive lo scopo di ciascun comando;

unità:percorso   specifica il percorso del drive. Deve contenere la lettera del drive, i due punti e il percorso esatto.

/USERS:numero definisce il numero massimo di utilizzatori che possono accedere in contemporanea alla risorsa condivisa.

/UNLIMITED   specifica che un numero illimitato di utilizzatori può accedere contemporaneamente alla risorsa condivisa.

/REMARK:"testo" Fornisce un commento descrittivo sulla risorsa condivisa. E' importante inserire una descrizione ottimale tra le virgolette, in modo che gli utilizzatori riescano a trovare facilmente la risorsa.

nomedispositivo Definisce una o più stampanti (dalla porta LPT1: fino alla LPT9:) tramite il nome di condivisione.

/DELETE Interrompe la condivisione di una risorsa.

Per maggiori dettagli puoi digitare *net help share* e premere invio.

Disabilitare e riabilitare l'interfaccia Wi-Fi (o quella Ethernet)

Può capitare che l'interfaccia wireless di un pc portatile (ad esempio) smetta di funzionare correttamente.
E' possibile disabilitarla e riabilitarla tramite il prompt dei comandi per ripristinare il corretto funzionamento.
Dopo aver avviato il prompt come amministratore, entra nel contesto netsh e digita il comando:

interface set interface "Wi-fi" disable

Esegui una verifica per controllare che l'interfaccia wireless sia stata correttamente disabilitata:

```
netsh>interface set interface "Wi-fi" disable

netsh>interface show interface

Stato admin     Stato         Tipo          Nome interfaccia
-------------------------------------------------------------------
Abilitato       Disconnesso   Dedicato      Ethernet 2
Abilitato       Disconnesso   Dedicato      Ethernet 3
Disabilitato    Disconnesso   Dedicato      Wi-Fi
Abilitato       Disconnesso   Dedicato      Ethernet

netsh>
```

Procedi ora alla riabilitazione dell'interfaccia con il comando:

interface set interface "Wi-fi" enable

Esegui una verifica per controllare che l'interfaccia wireless sia stata correttamente disabilitata:

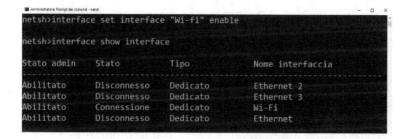

Ora l'interfaccia Wi-Fi è stata riabilitata ed è di nuovo possibile navigare correttamente.

Nota: la sequenza di comandi indicata, è valida anche per l'interfaccia Ethernet; è sufficiente modificare il comando, sostituendo "Wi-Fi" con "Ethernet".

Resettare lo stack TCP/IP alle impostazioni di default

In caso abbia effettuato tutte le verifiche del caso e voglia reimpostare le impostazioni TCP/IP del pc, puoi digitare il comando seguente int ip reset reset.log command, dal contesto netsh; di seguito l'output:

netsh>int ip reset reset.log command
Reimpostazione di Inoltro raggruppamento completata.
Reimpostazione di Raggruppamento completata.
Reimpostazione di Protocollo di controllo completata.
Reimpostazione di Richiesta sequenza echo completata.
Reimpostazione di Globale completata.
Reimpostazione di Interfaccia completata.
Reimpostazione di Indirizzo Anycast completata.
Reimpostazione di Indirizzo multicast completata.
Reimpostazione di Indirizzo Unicast completata.
Reimpostazione di Router adiacente completata.
Reimpostazione di Percorso completata.
Reimpostazione di Potenziale completata.
Reimpostazione di Criteri di prefisso completata.
Reimpostazione di Router adiacente proxy completata.
Reimpostazione di Route completata.

Reimpostazione di Prefisso del sito completata.
Reimpostazione di Sottointerfaccia completata.
Reimpostazione di Pattern di attivazione completata.
Reimpostazione di Risolvi router adiacente completata.
Reimpostazione di completata.
Reimpostazione di completata.
Reimpostazione di completata.
Reimpostazione di completata.
Reimpostazione di non riuscita.
Accesso negato.
Reimpostazione di completata.
Reimpostazione di completata.
Reimpostazione di completata.
Reimpostazione di completata.
Reimpostazione di completata.
Reimpostazione di completata.
Reimpostazione di completata.
Riavviare il computer per completare l'azione.

netsh>

Windows Firewall: show state, show config

Puoi richiamare la configurazione del firewall di Windows e le informazioni sullo stato tramite il contesto netsh. Digita il comando: netsh firewall show state

```
Amministratore Prompt dei comandi                                    -  σ  x
C:\WINDOWS\system32>netsh firewall show state

Stato firewall:
-------------------------------------------------------------------
Profilo                              = Standard
Modalità operativa                   = Attiva
Modalità eccezioni                   = Attiva
Modalità risposta multicast/broadcast = Attiva
Modalità notifiche                   = Attiva
Versione criterio di gruppo          = Windows Defender Firewall
Modalità amministrazione remota      = Disattiva

Porte attualmente aperte su tutte le interfacce di rete:
Porta  Prot.      Versione Programma
-------------------------------------------------------------------
Nessuna porta attualmente aperta su tutte le interfacce di rete.
IMPORTANTE: comando eseguito.
"netsh firewall" è tuttavia deprecato.
Utilizzare invece "netsh advfirewall firewall".
Per ulteriori informazioni sull'utilizzo dei comandi "netsh advfirewall fir
```

Sebbene l'output indichi che si tratta di un comando "deprecato" (cioè utilizzato in passato come documentazione ufficiale, ma il cui uso è attualmente sconsigliato a favore della più recente versione "netsh advfirewall firewall"), fornisce una panoramica piuttosto completa dello stato del firewall ed è più semplice ed immediato da utilizzare, rispetto al suo successore.

37

Per la verifica della configurazione, digita il seguente comando: netsh firewall show config

```
Amministratore: Prompt dei comandi                                    -  σ  ×
C:\WINDOWS\system32>netsh firewall show config

Configurazione profilo Dominio:
--------------------------------------------------------------------
Modalità operativa                          = Attiva
Modalità eccezioni                          = Attiva
Modalità di risposta multicast/broadcast = Attiva
Modalità notifiche                          = Attiva

IMPORTANTE: "netsh firewall" è deprecato.
Utilizzare "netsh advfirewall firewall".
Per ulteriori informazioni sull'utilizzo dei comandi "netsh advfirewall fir
ewall"
invece di "netsh firewall", vedere l'articolo della Knowledge Base 947709
all'indirizzo https://go.microsoft.com/fwlink/?linkid=121488 .


C:\WINDOWS\system32>
```

Anche in questo caso, ci viene ricordato il comando è "deprecato", e Windows consiglia l'utilizzo di "netsh adv firewall firewall".

IMPORTANTE: nel caso abbia provato tutti i troubleshooting per risolvere un problema di rete, ma senza successo, puoi provare a disabilitare il firewall come ultima spiaggia (non si dovrebbe disabilitare il firewall come tentativo di risoluzione di un problema, a meno che non sia strettamente necessario).

Disabilitando il firewall, si nota se il problema si manifesta quando il firewall è attivo.

Se disattivando il firewall noti che una determinata applicazione funziona correttamente, sarà utile verificare il sito del produttore dell'app che non funziona bene e controllare se sia disponibile un aggiornamento che consenta all'applicazione di funzionare in maniera corretta, anche con il firewall attivo.

Altri comandi per la raccolta di dati e la configurazione di Windows Firewall

Sempre all'interno del contesto netsh, ci sono altri comandi disponibili;

show allowedprogram (visualizza i programmi consentiti).

Di seguito l'output:

netsh firewall>show allowedprogram

Configurazione programmi consentiti per il profilo Dominio:
Modalità   Direzione traffico   Nome/Programma

Configurazione programmi consentiti per il profilo Standard:
Modalità   Direzione traffico   Nome/Programma

Attiva   In entrata   D-Link Click'n Connect / D:\d-link.exe

Attiva   In entrata   Firefox (C:\Program Files\Mozilla Firefox) / C:\Program Files\Mozilla Firefox\firefox.exe

Attiva   In entrata   exe / C:\program files (x86)\hd-ip01 cam view\camview.exe

show config   (visualizza   informazioni dettagliate sulla configurazione locale).

Di seguito l'output:

netsh firewall>show config

Configurazione profilo Dominio:

Modalità operativa   = Attiva
Modalità eccezioni   = Attiva
Modalità di risposta multicast/broadcast = Attiva
Modalità notifiche   = Attiva

show portopening (visualizza la configurazione della porta del firewall).

Esempi:

show portopening
show portopening ENABLE
show portopening verbose=ENABLE

di seguito l'output:

netsh firewall>show portopening

Configurazione porte per il profilo Dominio:
Porta Protocollo Modalità Direzione traffico Nome

Configurazione porte per il profilo Standard:
Porta Protocollo Modalità Direzione traffico Nome
----

show state (visualizza le informazioni dello stato attuale).

Di seguito l'output:

netsh firewall>show state

Stato firewall:
```
-------------------------------------------------------------------
Profilo                                 = Standard
Modalità operativa                      = Attiva
Modalità eccezioni                      = Attiva
Modalità risposta multicast/broadcast = Attiva
Modalità notifiche                      = Attiva
Versione criterio di gruppo             = Windows Defender
Firewall
Modalità amministrazione remota         = Disattiva
```

Porte attualmente aperte su tutte le interfacce di rete:
Porta Prot.   Versione Programma
```
-------------------------------------------------------------------
```
Nessuna porta attualmente aperta su tutte le interfacce di rete.

show notifications   (visualizza la configurazione
delle notifiche del firewall).

Di seguito l'output:

netsh firewall>show notifications

Configurazione profilo Dominio:

Modalità notifiche   = Attiva

Configurazione profilo Standard (corrente):

Modalità notifiche   = Attiva

add allowedprogram (Aggiunge la configurazione dei programmi consentiti dal firewall).

Parametri:

program - Percorso e nome di file del programma.

name - Nome del programma.

mode - Modalità del programma (facoltativo).
ENABLE - Consente l'attraversamento del firewall (impostazione predefinita).
DISABLE - Non consente l'attraversamento del firewall.

scope - Ambito del programma (facoltativo).
ALL - Consente l'attraversamento del firewall a tutto il traffico (impostazione predefinita).
SUBNET - Consente l'attraversamento del firewall solo al traffico della rete locale (subnet).
CUSTOM - Consente l'attraversamento del firewall solo al traffico specificato.

addresses - Indirizzi per l'ambito personalizzato (facoltativo). Questo ambito delimitato da virgole può includere indirizzi IPv4, indirizzi IPv6, subnet, intervalli o la parola chiave LocalSubnet.

profile - Profilo di configurazione (facoltativo).

CURRENT - Per il profilo attivo, ovvero il profilo di dominio, quello standard (ad esempio il profilo privato) o il profilo pubblico (predefinito).

DOMAIN - Per il profilo di dominio.

STANDARD - Per il profilo standard, ad esempio il profilo privato.

ALL - Per il profilo di dominio e quello standard (ad esempio privato), ma non per quello pubblico.

Note: è possibile specificare 'addresses' solo se 'scope' è 'CUSTOM'.

L'elenco 'addresses' non può includere indirizzi non specificati o di loopback.

Esempi:

add   allowedprogram   C:\MyApp\MyApp.exe   "My Application" ENABLE
add   allowedprogram   C:\MyApp\MyApp.exe
"Applicazione" ENABLE CUSTOM
    157.60.0.1,172.16.0.0/16,10.0.0.0/255.0.0.0,
    12AB:0000:0000:CD30::/60,LocalSubnet
add allowedprogram program=C:\MyApp\MyApp.exe
name="Applicazione" mode=DISABLE
add allowedprogram program=C:\MyApp\MyApp.exe
name="Applicazione" mode=ENABLE scope=CUSTOM
addresses=157.60.0.1, 172.16.0.0/16,10.0.0.0/255.0.0.0,
    12AB:0000:0000:CD30::/60,LocalSubnet

delete allowedprogram (elimina la configurazione dei programmi consentiti dal firewall).

Parametri:

program - Percorso e nome di file del programma.

profile - Profilo di configurazione (facoltativo).
CURRENT - Per il profilo attivo, ovvero il profilo di dominio, quello standard (ad esempio il profilo privato) o il profilo pubblico (predefinito).
DOMAIN - Per il profilo di dominio.
STANDARD - Per il profilo standard, ad esempio il profilo privato.
ALL - Per il profilo di dominio e quello standard (ad esempioprivato), ma non per quello pubblico.

Esempi:

delete allowedprogram C:\MyApp\MyApp.exe
delete allowedprogram program=C:\MyApp\MyApp.exe

set icmpsetting (utilizzato per specificare il traffico ICMP consentito sul firewall).

Parametri:

type - Tipo ICMP.
  2 - Consente pacchetti in uscita con dimensioni eccessive.
  3 - Consente le destinazioni irraggiungibili in uscita.
  4 - Consente il rallentamento dell'origine in uscita.
  5 - Consente il reindirizzamento.
  8 - Consente le richieste echo in entrata.
  9 - Consente le richieste router in entrata.
  11 - Consente il superamento del tempo massimo in uscita.
  12 - Consente parametri errati in uscita.
  13 - Consente le richieste di timestamp in entrata.
  17 - Consente le richieste di mask in entrata.
  ALL - Tutti i tipi.

mode - Modalità ICMP (facoltativo).
  ENABLE - Consente l'attraversamento del firewall (impostazione predefinita).
  DISABLE - Non consente l'attraversamento del firewall.

profile - Profilo di configurazione (facoltativo).
CURRENT - Per il profilo attivo, ovvero il profilo di dominio, quello standard (ad esempio il profilo privato) o il profilo pubblico (predefinito).
DOMAIN - Per il profilo di dominio.
STANDARD - Per il profilo standard, ad esempio il profilo privato.
ALL   - Per il profilo di dominio e quello standard (ad esempio privato), ma non per quello pubblico.

Esempi:

    set icmpsetting 8
    set icmpsetting 8 ENABLE
    set icmpsetting type=ALL mode=DISABLE

set logging   (imposta il tracciamento sul firewall).

Parametri:

filelocation - Percorso e nome file del log (facoltativo).

maxfilesize - Dimensioni massime del file di log in kilobyte (facoltativo).

droppedpackets - Modalità registrazione pacchetti ignorati (facoltativo).
ENABLE - Registra nel firewall.
DISABLE - Non registra nel firewall.

connections - Modalità registrazione connessioni riuscite (facoltativo).
ENABLE - Registra nel firewall.
DISABLE - Non registra nel firewall.

Note: è necessario specificare almeno un parametro.

Esempi:

set logging
%systemroot%\system32\LogFiles\Firewall\pfirewall.log
4096 ENABLE
setlogging
filelocation=%systemroot%\system32\LogFiles\Firewall\pf
irewall.log maxfilesize=4096 droppedpackets=ENABLE

set opmode (imposta la configurazione operativa del firewall sia globalmente che per una specifica connessione / interfaccia).

Parametri:

mode - Modalità operativa.
ENABLE - Attiva il firewall.
DISABLE - Disattiva il firewall.

exceptions - Modalità eccezioni (facoltativo).
ENABLE - Consente l'attraversamento del firewall (impostazione predefinita).
DISABLE - Non consente l'attraversamento del firewall.

profile - Profilo di configurazione (facoltativo)
CURRENT - Per il profilo attivo, ovvero il profilo di dominio, quello standard (ad esempio il profilo privato) o il profilo pubblico (predefinito).
DOMAIN - Per il profilo di dominio.
STANDARD - Per il profilo standard, ad esempio il profilo privato.
ALL - Per il profilo di dominio e quello standard (ad esempio privato), ma non per quello pubblico.

Esempi:

    set opmode ENABLE
    set opmode mode=ENABLE exceptions=DISABLE

add portopening   (utilizzato per aggiungere la configurazione di una porta del firewall, TCP o UDP).

add portopening
    [protocol =] TCP|UDP|ALL
    [port =] 1-65535
    [name =] nome
    [[mode =] ENABLE|DISABLE
    [scope =] ALL|SUBNET|CUSTOM
    [addresses =] indirizzi
    [profile =] CURRENT|DOMAIN|STANDARD|ALL

Parametri:

protocol - Protocollo per la porta.
    TCP   - Protocollo TCP (Transmission Control Protocol).
    UDP - Protocollo UDP (User Datagram Protocol).
    ALL - Tutti i protocolli.

port - Numero della porta.

name - Nome della porta.

mode - Modalità della porta (facoltativo).
ENABLE   - Consente l'attraversamento del firewall
(impostazione predefinita).
DISABLE - Non consente l'attraversamento del firewall.

scope - Ambito della porta (facoltativo).
ALL   - Consente l'attraversamento del firewall a tutto
il traffico (impostazione predefinita).
SUBNET - Consente l'attraversamento del firewall
solo al traffico della rete locale (subnet).
CUSTOM - Consente l'attraversamento del firewall
solo al traffico specificato.

addresses - Indirizzi per l'ambito personalizzato
(facoltativo).
    Questo ambito delimitato da virgole può
includere indirizzi IPv4, indirizzi IPv6, subnet, intervalli o
la parola chiave LocalSubnet.

profile - Profilo di configurazione (facoltativo).
    CURRENT - Per il profilo attivo, ovvero il profilo di
dominio, quello standard (ad esempio il profilo privato) o
il profilo pubblico (predefinito).
    DOMAIN   - Per il profilo di dominio.
    STANDARD - Per il profilo standard, ad esempio il
profilo privato.

ALL   - Per il profilo di dominio e quello standard (ad esempio privato), ma non per quello pubblico.

Note: è possibile specificare 'addresses' solo se 'scope' è 'CUSTOM'. L'elenco 'addresses' non può includere indirizzi non specificati o di loopback.

Esempi:

add portopening TCP 80 "Porta Web"
add portopening UDP 500 IKE ENABLE ALL
add portopening ALL 53 DNS ENABLE CUSTOM
157.60.0.1,172.16.0.0/16,10.0.0.0/255.0.0.0,
12AB:0000:0000:CD30::/60,LocalSubnet
add portopening protocol=ALL port=53 name=DNS mode=ENABLE scope=CUSTOM

addresses=157.60.0.1,172.16.0.0/16,10.0.0.0/255.0.0.0,
12AB:0000:0000:CD30::/60,LocalSubnet

set portopening (utilizzato per modificare le configurazioni TCP o UDP di una porta esistente sul firewall).

Parametri:

protocol - Protocollo per la porta.
TCP   - Protocollo TCP (Transmission Control Protocol).
UDP - Protocollo UDP (User Datagram Protocol).
ALL - Tutti i protocolli.

port - Numero della porta.

name - Nome della porta (facoltativo).

mode - Modalità della porta (facoltativo).
ENABLE - Consente l'attraversamento del firewall (impostazione predefinita).
DISABLE - Non consente l'attraversamento del firewall.

scope - Ambito della porta (facoltativo).
ALL   - Consente l'attraversamento del firewall a tutto il traffico (impostazione predefinita).

SUBNET - Consente l'attraversamento del firewall solo al traffico della rete locale (subnet).

CUSTOM - Consente l'attraversamento del firewall solo al traffico specificato.

addresses - Indirizzi per l'ambito personalizzato (facoltativo). Questo ambito delimitato da virgole può includere indirizzi IPv4, indirizzi IPv6, subnet, intervalli e la parola chiave LocalSubnet.

profile - Profilo di configurazione (facoltativo).
CURRENT - Per il profilo attivo, ovvero il profilo di dominio, quello standard (ad esempio il profilo privato) o il profilo pubblico (predefinito).
DOMAIN - Per il profilo di dominio.
STANDARD - Per il profilo standard, ad esempio il profilo privato.
ALL - Per il profilo di dominio e quello standard (ad esempio privato), ma non per quello pubblico.

Note: è possibile specificare 'addresses' solo se 'scope' è 'CUSTOM'.
L'elenco 'addresses' non può includere indirizzi non specificati o di loopback.

Esempi:

```
set portopening TCP 80 "Porta Web"
set portopening UDP 500 IKE ENABLE ALL
set portopening ALL 53 DNS ENABLE CUSTOM
157.60.0.1,172.16.0.0/16,10.0.0.0/255.0.0.0,
12AB:0000:0000:CD30::/60,LocalSubnet
set portopening protocol=ALL port=53 name=DNS
mode=ENABLE scope=CUSTOM
```

addresses=157.60.0.1,172.16.0.0/16,10.0.0.0/255.0.0.0,
12AB:0000:0000:CD30::/60,LocalSubnet

delete portopening (utilizzato per eliminare la configurazione di una porta TCP o UDP del firewall).

Parametri:

protocol - Protocollo per la porta
TCP - Protocollo TCP (Transmission Control Protocol).
UDP - Protocollo UDP (User Datagram Protocol).
ALL - Tutti i protocolli.

port - Numero della porta.

profile - Profilo di configurazione (facoltativo).
CURRENT - Per il profilo attivo, ovvero il profilo di dominio, quello standard (ad esempio il profilo privato) o il profilo pubblico (predefinito).
DOMAIN - Per il profilo di dominio.
STANDARD - Per il profilo standard, ad esempio il profilo privato.
ALL - Per il profilo di dominio e quello standard (ad esempio privato), ma non per quello pubblico.

Esempi:

delete portopening TCP 80
delete portopening protocol=UDP port=500

set service (utilizzato per consentire o bloccare il traffico RPC e DCOM, condivisione di file e stampanti, e traffico UpnP)

Esempi:

set service FILEANDPRINT
set service REMOTEADMIN DISABLE
set service REMOTEDESKTOP ENABLE CUSTOM
157.60.0.1,172.16.0.0/16,10.0.0.0/255.0.0.0,
12AB:0000:0000:CD30::/60,LocalSubnet
set service type=UPNP
set service type=REMOTEADMIN mode=ENABLE
scope=SUBNET
set service type=REMOTEDESKTOP
mode=ENABLE scope=CUSTOM

addresses=157.60.0.1,172.16.0.0/16,10.0.0.0/255.0.0.0,
12AB:0000:0000:CD30::/60,LocalSubnet

set notifications (utilizzato per impostare notifiche all'utente anche tramite popup, quando le applicazioni tentano di aprire le porte abilitate).

Parametri:

mode - Modalità di notifica.
ENABLE - Consente notifiche popup dal firewall.
DISABLE - Non consente notifiche popup dal firewall.

profile - Profilo di configurazione (facoltativo).
CURRENT - Per il profilo attivo, ovvero il profilo di dominio, quello standard (ad esempio il profilo privato) o il profilo pubblico (predefinito).
DOMAIN - Per il profilo di dominio.
STANDARD - Per il profilo standard, ad esempio il profilo privato.
ALL - Per il profilo di dominio e quello standard (ad esempio privato), ma non per quello pubblico.

Esempi:

set notifications ENABLE
set notifications mode=DISABLE

Reset (reimposta tutta la configurazione del firewall sui valori predefiniti).

Capitolo III Test/diagnostica e recupero informazioni
Verificare l'efficienza della batteria di un pc portatile

In tanti associano i settaggi dell'alimentazione con il tempo che impiega il monitor ad entrare in stand-by, quando il pc non viene usato per alcuni minuti, oppure il tempo che impiega un gruppo di continuità ad attivarsi quando manca la corrente.

Anche se puoi intervenire sui settaggi utilizzando l'interfaccia grafica, i vari settaggi si trovano nei percorsi più disparati.

Con la riga di comando, è tutto all'interno della stessa finestra.

Data l'enorme varietà di settaggi che svolge questa utility, ha anche una riga di comando complessa.

Ad esempio, è possibile ottenere un report sulle condizioni della batteria di un pc portatile.

Lanciando il comando powercfg /batteryreport, viene generato un report (in formato .html) che è possibile consultare tramite un qualsiasi browser installato sul tuo pc.

Vediamo ora che cosa succede lanciando il comando:

```
C:\>powercfg /batteryreport
Report durata batteria salvato nel percorso di file C:\battery-report.html

C:\>
```

Dopo qualche istante (come sempre la velocità d'esecuzione dipende dalle prestazioni del pc), il prompt ti indicherà (insieme al relativo percorso) che è stato generato un report in formato .html sulla batteria.

Battery report

COMPUTER NAME	DESKTOP-E7E2
SYSTEM PRODUCT NAME	ASUSTeK COMPUTER INC. X541NA
BIOS	X541NA.3 05/25/2017
OS BUILD	19041.1.amd64fre.vb_release.191206-14
PLATFORM ROLE	Mobile
CONNECTED STANDBY	Not supported
REPORT TIME	2021-04-20 20:14:50

Installed batteries
Information about each currently installed battery

	BATTERY 1
NAME	ASUS Battery
MANUFACTURER	ASUSTeK
SERIAL NUMBER	-
CHEMISTRY	LIon
DESIGN CAPACITY	34.560 mWh
FULL CHARGE CAPACITY	31.935 mWh
CYCLE COUNT	54

Il report è molto dettagliato e fornisce informazioni sullo stato di salute della batteria; ad esempio il conteggio dei cicli di carica.

Ecco di seguito un altro esempio; un laptop reinstallato da poco, su cui non figurano i cicli di carica:

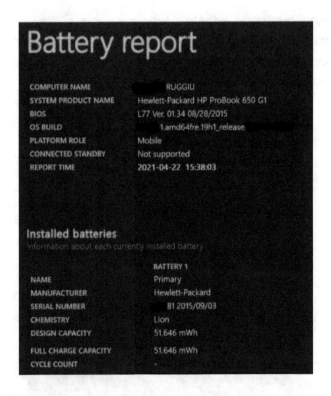

Battery report

COMPUTER NAME	RUGGIU
SYSTEM PRODUCT NAME	Hewlett-Packard HP ProBook 650 G1
BIOS	L77 Ver. 01.34 08/28/2015
OS BUILD	1.amd64fre.19h1_release
PLATFORM ROLE	Mobile
CONNECTED STANDBY	Not supported
REPORT TIME	2021-04-22 15:38:03

Installed batteries
Information about each currently installed battery

	BATTERY 1
NAME	Primary
MANUFACTURER	Hewlett-Packard
SERIAL NUMBER	B1 2015/09/03
CHEMISTRY	LIon
DESIGN CAPACITY	51.646 mWh
FULL CHARGE CAPACITY	51.646 mWh
CYCLE COUNT	-

Di seguito la sezione del file con l'utilizzo della batteria del pc Asus negli ultimi 3 giorni:

Recent usage
Power states over the last 3 days

START TIME		STATE	SOURCE	CAPACITY REMAINING	
2021-04-17	20:17:00	Active	AC	98 %	31.687 mWh
	20:21:16	Suspended		98 %	31.924 mWh
2021-04-18	13:23:00	Active	AC	97 %	31.406 mWh
	17:46:04	Suspended		97 %	31.406 mWh
	22:38:42	Active	AC	97 %	31.546 mWh
	23:05:48	Suspended		98 %	31.665 mWh
2021-04-19	20:48:08	Active	AC	96 %	31.255 mWh
	22:45:52	Suspended		96 %	31.255 mWh
2021-04-20	19:43:10	Active	AC	96 %	31.050 mWh
	20:14:47	Report generated	AC	97 %	31.525 mWh

Qui sotto, il pc HP:

Recent usage
Power states over the last 3 days

START TIME		STATE	SOURCE	CAPACITY REMAINING	
2021-04-19	15:42:00	Active	AC	98 %	50.814 mWh
	16:59:06	Suspended		98 %	50.814 mWh
2021-04-20	08:37:06	Active	AC	98 %	50.425 mWh
	17:24:24	Suspended		98 %	50.425 mWh
2021-04-21	08:47:59	Active	AC	97 %	50.317 mWh
	16:50:55	Suspended		97 %	50.382 mWh
	17:09:52	Active	AC	98 %	50.382 mWh
	17:11:19	Suspended		98 %	50.382 mWh
2021-04-22	05:43:06	Active	AC	97 %	50.134 mWh
	15:38:03	Report generated	AC	97 %	50.231 mWh

In questa pagina, puoi osservare il lento (e normale) decadimento della batteria del portatile Asus esaminato:

← → C ⌂   🗋 file:///C:/Windows/System32/battery-report.html

⚙ Più visitati   🌐 Come iniziare

Battery capacity history
Charge capacity history of the system's batteries

PERIOD	FULL CHARGE CAPACITY	DESIGN CAPACITY
2019-10-23 - 2019-10-28	34.634 mWh	34.560 mWh
2019-10-28 - 2019-12-02	34.188 mWh	34.560 mWh
2019-12-02 - 2019-12-09	34.166 mWh	34.560 mWh
2019-12-09 - 2019-12-23	33.915 mWh	34.560 mWh
2019-12-23 - 2019-12-30	33.855 mWh	34.560 mWh
2019-12-30 - 2020-01-13	33.358 mWh	34.560 mWh
2020-01-13 - 2020-01-20	33.231 mWh	34.560 mWh
2020-01-20 - 2020-02-10	32.823 mWh	34.560 mWh
2020-02-10 - 2020-02-17	32.757 mWh	34.560 mWh
2020-02-17 - 2020-03-02	32.623 mWh	34.560 mWh
2020-03-02 - 2020-03-23	32.398 mWh	34.560 mWh
2020-03-23 - 2020-03-30	32.340 mWh	34.560 mWh
2020-03-30 - 2020-04-06	32.278 mWh	34.560 mWh

Esaminando la prima riga, in data 23 ottobre 2019 la capacità della batteria completamente caricata era di 34.634mWh.
La capacità di carica, diminuisce gradualmente; il 6 aprile 2020 era diminuita a 32.278 mWh.

Altro report è generato dal comando powercfg /SYSTEMSLEEPDIAGNOSTICS, che permette di verificare se ad esempio l'utilizzatore del pc si è allontanato per qualche tempo dal computer e il pc non è andato in sospensione nel momento in cui si auspicava lo facesse:

User Not Present Session 1

(Top)

	TIME USER WENT IDLE	IDLE DURATION	SLEEP STATE ENTERED
1	2021-04-17 20:21:05	17:00:45	Sleeping3

Ricavare informazioni sul sistema

Il comando che ti illustrerò ora, effettua un'interrogazione rapida sul sistema.
L'utility di cui ti parlo è *systeminfo*:

```
C:\Windows>systeminfo

Nome host:                              DESKTOP-
Nome SO:                                Microsoft Windows 10 Home
Versione SO:                            10.0.19043 N/D build 19043
Produttore SO:                          Microsoft Corporation
Configurazione SO:                      Workstation autonoma
Tipo build SO:                          Multiprocessor Free
Proprietario registrato:                Utente Windows
Organizzazione registrata:
Numero di serie:
Data di installazione originale:        22/11/2020, 02:37:07
Tempo di avvio sistema:                 28/07/2021, 18:16:32
Produttore sistema:                     ASUSTeK COMPUTER INC.
Modello sistema:                        X54
Tipo sistema:                           x64-based PC
Processore:                             1 processore(i) installati.
                                        [01]: Intel64 Family        1 92 S
```

Questa utility non fornisce informazioni dettagliate come ad esempio *"msinfo32"*, tuttavia ha una particolarità molto utile; propone infatti un elenco dettagliato degli aggiornamenti installati sulla macchina.

Di seguito un dettaglio dell'output del comando:

```
■■ Amministratore: Prompt dei comandi                                    —  ☐  ×
Aggiornamenti rapidi:                    11 Aggiornamenti rapidi installat
i.
                                         [01]: KB5003
                                         [02]: KB4577
                                         [03]: KB4577
                                         [04]: KB4580
                                         [05]: KB4586
                                         [06]: KB4589
                                         [07]: KB4593
                                         [08]: KB4598
                                         [09]: KB5000
                                         [10]: KB5004
                                         [11]: KB5003
```

La lista seguente descrive lo scopo di ciascun comando:

/S   sistema   Specifica il sistema remoto a cui connettersi.

/U   [dominio\]utente Specifica il contesto utente in cui eseguire il comando.

/P   [password]   Specifica la password per il dato contesto utente. Se omesso, viene richiesto.

/FO   formato   Specifica il formato in cui l'output verrà visualizzato.
Valori validi: "TABLE", "LIST", "CSV".

| /NH | Specifica l'esclusione dell'intestazione colonna dall'output. Valido solo per i formati "TABLE" e "CSV". |

| /? | Visualizza questo messaggio della Guida. |

Esempi:
SYSTEMINFO
SYSTEMINFO /?
SYSTEMINFO /S sistema
SYSTEMINFO /S sistema /U utente
SYSTEMINFO /S sistema /U dominio\utente /P Password /FO TABLE
SYSTEMINFO /S sistema /FO LIST
SYSTEMINFO /S sistema /FO CSV /NH

Gestione e configurazione dell' unità disco

Per la gestione e la configurazione dell'unità disco senza l'uso dell'interfaccia grafica, puoi utilizzare l'utility *diskpart*.
Per accedere al contesto diskpart, apri una finestra del prompt dei comandi, digita diskpart e premi invio come mostrato di seguito:

Diskpart, consente di operare sui dischi rigidi installati su un pc.
Non avendo a disposizione un'interfaccia grafica, occorre prima individuare l'elenco dei dischi installati.

74

Per visualizzare l'elenco dei dischi, digita *list disk* all'interno del contesto diskpart, come indicato di seguito:

```
Amministratore: Prompt dei comandi - diskpart                    -  □  ×

DISKPART> list disk

  N. disco  Stato         Dimensioni     Disponibile    Din  GPT
  --------  -----------   -----------    -----------    ---  ---
  Disco 0   Online        447 Gbytes     0 byte           *

DISKPART> _
```

Verifichiamo ora l'ouput del comando:

N.disco indica il numero del disco
Stato indica lo stato del disco (in questo caso online)
Se dovessi visualizzare un disco offline, puoi modificarne lo stato digitando *select disk 5* e poi *online*. (nell'esempio ho indicato disk 5, ma tu dovrai inserire il numero del disco corrispondente).
Dimensioni indica la capacità dell' HDD.
Disponibile indica lo spazio disponibile per il partizionamento (da non confondere con lo spazio libero per l'archiviazione).
Din se in questa colonna è presente un asterisco, significa che si tratta di un disco dinamico. Se invece la

colonna risulta vuota come in questo caso, il sistema indica che si tratta di un disco di base.

GPT se in questa colonna visualizzi un asterisco (come in questo esempio), significa che la partizione è di tipo GPT (GUID Partition Table)

Se invece la colonna è vuota, si tratta di una partizione **MBR** (Master Boot Record) cioè il vecchio standard di gestione della partizione dell' HDD.

Per visualizzare l'elenco dei volumi, digita *list volume*:

```
Amministratore: Prompt dei comandi - diskpart                          –  □  ×
DISKPART> list volume

  Volume ###  Let.  Etichetta   Fs     Tipo        Dim.      Stato
Info
  ---------   ---   ----------   -----  ----------  -------   ---------
--------
  Volume 0    D                         DVD-ROM       0 b   Nessun su

  Volume 1    C     OS           NTFS   Partizione   444 Gb  Integro
Avvio
  Volume 2          SYSTEM       FAT32  Partizione   260 Mb  Integro
Sistema
  Volume 3                       NTFS   Partizione   535 Mb  Integro
Nascosto
  Volume 4                       NTFS   Partizione   481 Mb  Integro
Nascosto
  Volume 5          RECOVERY     NTFS   Partizione   805 Mb  Integro
Nascosto
```

come puoi notare dell'esempio nella pagina precedente, il comando list volume visualizza tutti i volumi, le partizioni e le unità CD/DVD (anche se tuttavia il comando diskpart non gestisce queste ultime).

Il comando *list partition* indica la lista delle partizioni, ma soltanto sui dischi che hanno lo stato attivo.
Per visualizzare la lista delle partizioni, devi indicare il disco di cui vuoi vedere le partizioni.
In questo pc, è presente un solo disco (Disco 0) e dunque ho selezionato il disco digitando il comando select disc 0:

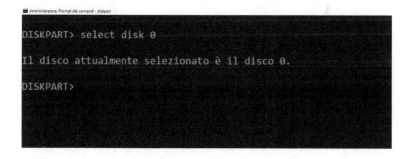

Ora è possibile visualizzare la lista delle partizioni

presenti sul disco.

```
Amministratore: Prompt dei comandi - diskpart                              —  ⟳  ×

DISKPART> select disk 0

Il disco attualmente selezionato è il disco 0.

DISKPART> list partition

  Partizione ###  Tipo              Dim.     Offset
  --------------  ----------------  -------  -------
  Partizione 1    Riservato         128 Mb    17 Kb
  Partizione 2    Sistema           260 Mb   129 Mb
  Partizione 3    Primario          444 Gb   389 Mb
  Partizione 4    Ripristino        535 Mb   445 Gb
  Partizione 5    Ripristino        481 Mb   445 Gb
  Partizione 6    Ripristino        805 Mb   446 Gb

DISKPART>
```

Nel caso abbia collegato un HDD aggiuntivo, puoi lanciare il comando *rescan* in modo che sia rilevato dal sistema.

```
DISKPART> rescan

Attendere. Analisi della configurazione corrente in corso...

DiskPart: analisi della configurazione completata.

DISKPART>
```

Se il sistema non rileva il nuovo HDD, può darsi che non supporti il collegamento a caldo, e in questo caso dovrai riavviare il pc.

Lista dei sottocomandi Diskpart

Ecco una lista di comandi utili, dentro il contesto "DISKPART>":

ACTIVE   Indica che la parte selezionata è attiva; in questo modo, segnala al BIOS e all' EFI che la partizione è una partizione di sistema valida e che il sistema può utilizzarla per il boot.

ADD   Crea mirror di un volume semplice. Il disco deve avere abbastanza spazio libero, pari o superiore, a quello del volume che vuoi "mirrorare".

ASSIGN   Assegna un lettera di unità o un punto di montaggio al volume selezionato.
Se non viene indicata nessuna lettera, il sistema assegnerà in automatico la prima disponibile in ordine alfabetico.

ATTRIBUTES   Visualizza, modifica o cancella gli attributi di un disco o di un volume specifico.

CLEAN   Rimuove le informazioni di configurazione (partizione e formattazione del volume).

CONVERT   Modifica il partizionamento da MBR a GPT e viceversa.

Es. per modificare da MBR a GPT procedi nel modo seguente:

-Esegui sempre il backup dei dati presenti nel disco se è gia stato utilizzato.

-Accedi al contesto *diskpart* come indicato nelle pagine precedenti.

-digita *list disk* e prendi nota del numero del disco che devi convertire.

-digita *select disk* e il numero del disco che devi convertire.

-digita *clean*. (L'esecuzione di clean eliminerà ogni volume e/o partizione presente sul disco).

-digita *convert gpt*.

Per convertire in MBR, ripeti gli stessi passaggi, modificando l'ultimo come di seguito:

-digita **convert mbr**.

CREATE   Crea un volume, una partizione o un
disco virtuale.

FORMAT   Formatta la partizione o il volume.

Per uscire dal contesto DISKPART, digita **exit** e premi invio:

Per ulteriori comandi digita **/?** nel contesto diskpart.

Utility Defrag

Ricordi quando anni fa era buona abitudine lanciare periodicamente la deframmentazione?

Poiché il disco rigido viene scritto in ordine casuale, il file viene suddiviso in vari segmenti e la successiva lettura comporta un maggior lavoro della testina dell'hard disk (in caso di HDD meccanico); tutto ciò ti fa perdere tempo e allo stesso tempo impatta le prestazioni del sistema. Lanciando la deframmentazione i file vengono riscritti in maniera ordinata evitando di lasciare spazi vuoti sul disco e rendendo l'accesso ai file più rapido (in particolare con l'utilizzo di dischi meccanici).

Sebbene i dischi odierni SSD siano molto più rapidi nel richiamare i file rispetto ai dischi meccanici, l'opzione per deframmentare il disco è stata mantenuta.

Questa utility, utilizza la sintassi seguente:

defrag <volume> [/A] [/B] [/D] [/G] [/K] [/L] [/O] [/T] [/U] [/V] [/X]

La dicitura "volume" indicata sopra, si riferisce alla lettera del drive che si vuole deframmentare.

La lista seguente, descrive ciascuna delle opzioni per questo comando:

/A | /Analyze   Esegue l'analisi.

/B | /BootOptimize   Esegue l'ottimizzazione dell'avvio per aumentare le prestazioni di avvio.

/D | /Defrag   Esegue la deframmentazione tradizionale (valore predefinito). In un volume a livelli, tuttavia, la deframmentazione tradizionale viene eseguita solo nel livello capacità.

/G | /TierOptimize   Su volumi a livelli, ottimizza i file in modo che risiedano nel livello di archiviazione appropriato.

/K | /SlabConsolidate Su volumi con thin provisioning, esegue il consolidamento allocazione memoria per aumentare l'efficienza di utilizzo dell'allocazione memoria.

/L | /Retrim Su volumi con thin provisioning, esegue la riottimizzazione per liberare allocazioni di memoria. Sulle SSD, esegui la riottimizzazione per migliorare le prestazioni di scrittura.

/O | /Optimize Esegue l'ottimizzazione appropriata per ogni tipo di supporti.

/T | /TrackProgress   Tiene traccia dello stato di un'operazione in esecuzione per un determinato volume. Un'istanza può mostrare lo stato solo per un singolo volume. Per vedere l'avanzamento di un altro volume, avvia un'altra istanza.

/U | /PrintProgress   Stampa lo stato dell'operazione sullo schermo.

/V | /Verbose   Stampa l'output dettagliato contenente le statistiche di frammentazione.

/X | /FreespaceConsolidate   Esegue il consolidamento dello spazio disponibile, sposta lo spazio disponibile verso la fine del volume (anche su volumi con thin provisioning). Sui volumi a livelli il consolidamento viene eseguito solo sul livello di capacità.

Di seguito le modalità di esecuzione:

/H | /NormalPriority Esegue l'operazione con priorità normale (impostazione predefinita: priorità bassa).
/I | /MaxRuntime n Disponibile solo con TierOptimize. L'ottimizzazione del livello viene eseguita per almeno n secondi su ogni volume.
/LayoutFile <percorso file> Disponibile solo con BootOptimize. Questo file contiene l'elenco dei file da ottimizzare. Il percorso predefinito è %windir% \Prefetch\layout.ini.
/M | /MultiThread [n] Esegue l'operazione su ogni volume in parallelo in background.
Per **TierOptimize**, al massimo n thread per l'ottimizzazione dei livelli di archiviazione in parallelo. Il valore predefinito di n è 8. Tutte le altre ottimizzazioni ignorano n.
/OnlyPreferred Quando i volumi vengono specificati in modo esplicito, la deframmentazione esegue tutte le operazioni specificate su ogni volume specificato. Questa opzione consente alla deframmentazione di eseguire solo le operazioni preferite, dall'elenco di operazioni specificato, su ogni volume specificato.

Di seguito alcuni esempi di scrittura del comando:

Defrag C: /U /V
Defrag C: D: /TierOptimize /MultiThread
Defrag C:\mountpoint /Analysis /U
Defrag /C /H /V

Visualizzare informazioni sugli eventi

Un'altra utility che può esserti utile per il monitoraggio degli eventi sul sistema, è **wevtutil**:

A partire da Windows Vista in poi, questa utility ha sostituito quelle fornite nelle versioni di Windows precedenti.

Infatti Windows Vista ha presentanto un gran numero di log più complessi, rispetto alle precedenti versioni che contenevano sempre gli stessi "pochi e semplici" log.

Di seguito la lista dei comandi per l'utility wevtutil:

el (enum logs) Digitando C:\Windows>wevtutil el, puoi visualizzare l'elenco completo dei log sul sistema.

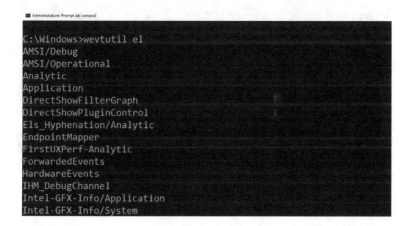

gl (get-log) *logname* Ti permette di ottenere informazioni su un log specifico.
Per il funzionamento corretto del comando gl, devi scrivere anche il nome esatto del log che vuoi verificare.
Aiutati con il comando el per visualizzare il nome del log da controllare.

Di seguito un esempio con il log WMPSetup:

```
Amministratore: Prompt dei comandi                                          –  ☐  ✕

C:\Windows>wevtutil gl WMPSetup
name: WMPSetup
enabled: false
type: Analytic
owningPublisher: Microsoft-Windows-WMP-Setup_WM
isolation: Application
channelAccess: O:BAG:SYD:(A;;0x2;;;S-1-15-2-1)(A;;0x2;;;S-1-15-3-1024-31535
09613-960666767-3724611135-2725662640-12138253-543910227-1950414635-4190290
187)(A;;0xf0007;;;SY)(A;;0x7;;;BA)(A;;0x7;;;SO)(A;;0x3;;;IU)(A;;0x3;;;SU)(A
;;0x3;;;S-1-5-3)(A;;0x3;;;S-1-5-33)(A;;0x1;;;S-1-5-32-573)
logging:
  logFileName: %SystemRoot%\System32\Winevt\Logs\WMPSetup.etl
  retention: true
  autoBackup: false
  maxSize: 1052672
publishing:
  fileMax: 1

C:\Windows>
```

sl (set-log) *logname* Con questo comando, puoi cambiare la configurazione di un file di log.

ep (enum-publishers) Enumera gli autori di eventi.

gp (get-publisher) Recupera informazioni di configurazione per gli autori.

im (install-manifest) Installa gli autori di eventi e i registri dal manifesto.

um (uninstall-manifest) Disinstalla gli autori di eventi e i registri dal manifesto.

qe (query-events) Recupera eventi da un registro o un file di registro.

gli (get-log-info) Recupera informazioni sullo stato del registro.

epl (export-log) Esporta un registro.

al (archive-log) Archivia un registro esportato.

cl (clear-log) Cancella un registro.

Comando Chkntfs

Ti consiglio di lanciare sempre il comando chkdsk su volumi che non sono stati spenti correttamente (sia per errore umano, sia per improvvisa mancanza di corrente).

Tuttavia, ci sono situazioni in cui lanciare il comando chkdsk non è possibile o pratico, sia perché potrebbero volerci ore o addirittura intere giornate per controllare centinaia di migliaia di files presenti sul disco, sia perché il controllo potrebbe bloccarsi e restare appeso.

Puoi usare l'utility *chkntfs*, per disabilitare l'esecuzione automatica di chkdsk su determinati volumi in caso di riavvio automatico di Windows a causa di uno spegnimento brusco.

In pratica questa utility, ti permette di gestire la verifica del disco (es. avvio automatico disabilitato di chkdsk) durante la fase di boot (avvio), in modo da poter posporre il check disk garantendoti il pieno controllo del drive.

Se ad esempio non desideri che il "disco C" sia controllato automaticamente all'avvio in caso di spegnimento brusco, digita come indicato di seguito:

chkntfs /X C:

Di seguito la lista delle opzioni disponibili per il comando:

/D   Ripristina il computer alle impostazioni predefinite; tutte le unità sono controllate durante l'avvio e chkdsk viene eseguito su quelle danneggiate.

/T:ora   Indica il conteggio alla rovescia prima dell'avvio di AUTOCHK in secondi. Se la durata non è specificata, visualizza l'impostazione corrente.

/X   Esclude un'unità dal controllo predefinito all'avvio. Le unità escluse non vengono accumulate tra le invocazioni dei comandi.

/C   Programma il controllo di un'unità all'avvio; chkdsk sarà eseguito se l'unità è danneggiata.

Utility Fsutil (File System Utility)

L'utility Fsutil (con l'opzione dirty), è un' altra utility che può essere utilizzata per determinare se bit dirty del volume risulta impostato sul volume.

Verifica in automatico il volume per eventuali errori lanciando l'utility AutoChk al successivo riavvio del pc.

Per utilizzare il comando fsutil, è necessario essere connessi con privilegi di amministratore.

Di seguito l'output del comando fsutil dirty query C:

Di seguito l'elenco dei comandi supportati:

8dot3name	Gestione dei nomi di file 8.3
behavior	Controllo del comportamento del file system
dax	Gestione volume DAX
dirty	Gestione dirty bit del volume
file	Comandi specifici per i file

fsInfo	Informazioni sul file system
hardlink	Gestione collegamento reale
objectID	Gestione ID oggetti
quota	Gestione quote
repair	Gestione riparazione automatica
reparsePoint	Gestione reparse point
storageReserve	Gestione riserva di archiviazione
resource	Amministrazione gestore delle risorse di transazione
sparse	Controllo file di tipo sparse
tiering	Gestione proprietà tiering di archiviazione
transaction	Gestione transazioni
usn	Gestione USN
volume	Gestione volume
wim	Gestione hosting WIM trasparente

Utility MRT

Per individuare e rimuovere software malevolo, puoi utilizzare l'utility MRT (Malicious software removal tool) messo a disposizione da Microsoft.
Dopo aver digitato il comando come di seguito:

C:\Windows>MRT

Visualizzerai la finestra seguente e cliccando sul pulsante avanti, avvierai la procedura.

La schermata ti proporrà tre opzioni; ti consiglio di effettuare l'analisi completa, lasciando il pc acceso al termine della giornata di lavoro / utilizzo. Sebbene possa richiedere anche diverse ore, effettua una scansione completa e approfondita di tutto il sistema. Seleziona il tipo di analisi e clicca su Avanti per avviare la scansione.

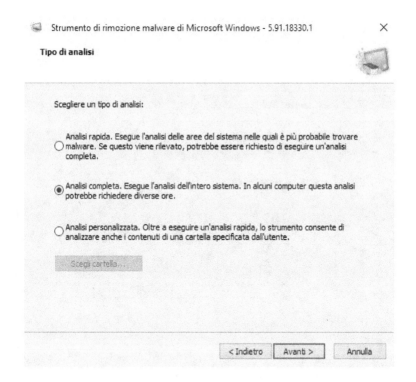

98

Al termine della scansione, visualizzerai il risultato e dovrai semplicemente cliccare su fine per concludere la procedura.

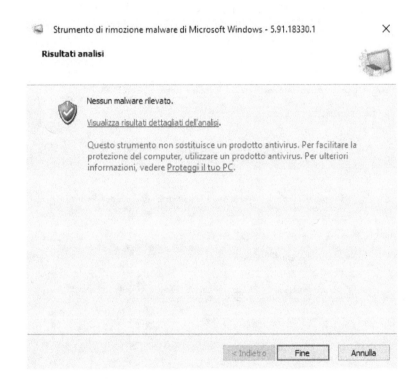

L'utility MRT dispone inoltre di alcune opzioni:

/Q o **/quiet** – modalità senza nessuna interfaccia grafica, forza l'esecuzione dell'utility in modalità silente.

/N - modalità di solo rilevamento. Se l'utility trova dei virus, non li elimina.

/F - impone l'analisi completa del sistema (potrebbe impiegare alcune ore, ma è la più completa).

/F:Y - come sopra, ma in aggiunta esegue l'eliminazione automatica dei file infetti.

Utility DispDiag

L'utility dispdiag, esegue una diagnosi sul display; al termine genera un file (.dat) che comprende informazioni tra cui il modello di scheda video, il sistema operativo in uso e le impostazioni del registro di sistema relative alla scheda video.

Scrivi il comando come di seguito e premi invio:

```
Amministratore: Prompt dei comandi                                      –  □  ×
Microsoft Windows [Versione 10.0.19043.1110]
(c) Microsoft Corporation. Tutti i diritti sono riservati.

C:\WINDOWS\system32>dispdiag
```

Il sistema genererà un file (.dat) indicandoti il percorso dove potrai trovarlo:

```
Amministratore: Prompt dei comandi                                      –  □  ×
Microsoft Windows [Versione 10.0.19043.1110]
(c) Microsoft Corporation. Tutti i diritti sono riservati.

C:\WINDOWS\system32>dispdiag
Dump file: C:\WINDOWS\system32\DispDiag-20210728-233353-8236-6404.dat
```

Verifica ora il file nel percorso indicato:

Per leggere il contenuto, puoi cliccare sul file col tasto destro del mouse, selezionare "apri con" e poi scegliere blocco note.

Visualizzerai un output come quello di seguito:

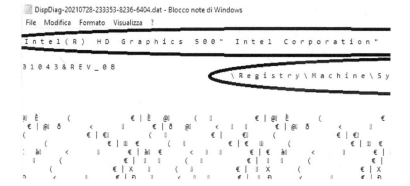

L'utility dispdiag dispone di varie opzioni per aumentare il dettaglio e la quantità delle informazioni; puoi visualizzarle digitando /? di seguito al comando.

Riparare database di sistema

Windows ha diversi database di cui non si parla tanto e risiedono nei System Database Files (.SDB). Non tutti i file SDB sono database, alcuni sono semplicemente file di testo. Prima di utilizzare il comando che sto per indicarti, accertati che il file su cui vuoi intervenire sia effettivamente un DB, aprendolo con un notepad. L'utility è *esentutl* (Extensible Storage Engine Technology Utility).

IMPORTANTE: L'utility esentutl è molto potente. Prima di procedere alla modifica di qualsiasi file, fai una copia di backup in modo da poterlo sostituire in caso di errore. L'utilizzo sbagliato di questa utility sul file sbagliato, potrebbe causarti il mancato avvio del sistema operativo. Per fare delle prove, ti consiglio di procurarti un pc di test.

Dopo questa doverosa premessa, ti indico (per farti un esempio) i passi da seguire per effettuare la riparazione delle policies, ripristinando allo stato di default le policy di gestione locale.

Avvia una ricerca sul tuo HDD per verificare il percorso del file "secedit.sdb" come nell' esempio di seguito e premi invio:

Successivamente, esegui il prompt dei comandi come amministratore e digita il comando indicato qui sotto:

esentutl /p C:\Windows\security\database\secedit.sdb

Pur essendo uno strumento molto potente, purtroppo non troverai molte informazioni su esentutl in giro... se non nella Knowledge Base di Microsoft.

Nell' esempio esaminato nelle righe precedenti ti ho mostrato l'opzione /p del comando (Repair).

Di seguito la lista delle opzioni disponibili:

Defragmentation: /d <database name> [options]
Recovery: /r <logfile base name> [options]
Integrity: /g <database name> [options]
Checksum: /k <file name> [options]
Repair: /p <database name> [options]
File Dump: /m[mode-modifier] <filename>
Copy File: /y <source file> [options]

Verificare i driver

L'utility verifier si utilizza per verificare che i driver siano "sicuri".

Si suppone che tutti i costruttori utilizzino questo strumento, per evitare che i driver rendano instabile il sistema a causa del loro funzionamento non corretto, e anche per evitare che i driver generino chiamate illegali con il sistema.

Tu puoi utilizzare questo comando per verificare (in caso di malfunzionamenti) che tutti i driver del tuo pc siano in perfetto stato e non siano stati corrotti / modificati da virus.

IMPORTANTE: Fai molta attenzione prima di avviare un test di questo tipo. Richiede un riavvio del pc e potresti non essere in grado di effettuare l'accesso a Windows; potresti essere costretto ad accedere in modalità provvisoria.

Se hai la possibilità, fai delle prove su un pc di test.

In ogni caso, prima di provarlo, assicurati di avere un backup dei tuoi dati e di sapere quello che stai facendo.

Digitando il comando verifier e premendo invio sulla tastiera,

visualizzerai l'interfaccia grafica di seguito;

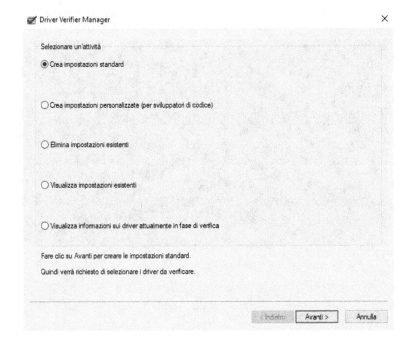

dopo aver selezionato la prima voce come nella figura, clicca su avanti.

se non hai idea di quali siano i driver a riscontrare problemi sul tuo pc, potresti selezionare la prima voce in alto "Seleziona automaticamente i driver non firmati". Tuttavia, ti sconsiglio questa opzione perché potrebbe impiegare tantissimo tempo.
Seleziona l'ultima voce dell' elenco come rappresentato qui sotto, per visualizzare una lista dei driver da selezionare nella schermata successiva e clicca su avanti:

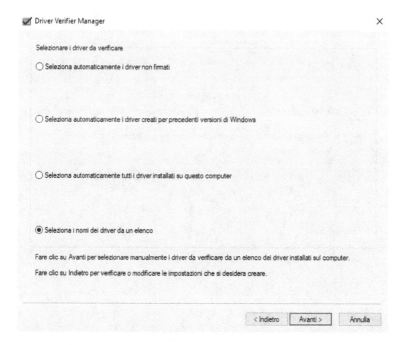

Scorri la lista e seleziona i driver che vuoi verificare e al termine, clicca su fine:

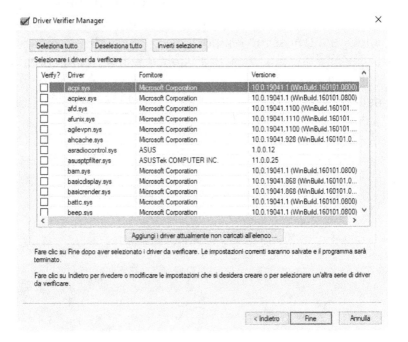

Un popup ti avviserà che per rendere effettive le modifiche, è necessario riavviare.

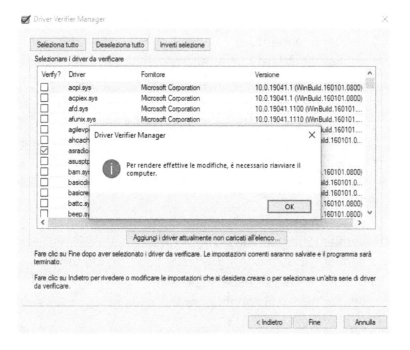

Riguardo la riga di comando, l'utility verifier utilizza la sintassi seguente:

verifier {/? | /help}
verifier /standard /all
verifier /standard /driver <name> [<name> ...]
verifier {/ruleclasses | /rc} <options> [<ruleclass_1> <ruleclass_2> ...] /all
verifier /flags <options> [<options> ...] /all
verifier /flags <options> [<options> ...] /driver <name> [<name> ...]
verifier /rules {query | reset | default <id> | disable <id>}
verifier /query
verifier /querysettings
verifier /bootmode {persistent | resetonbootfail | oneboot | resetonunusualshutdown}
verifier /persistthroughupgrade
verifier /reset

verifier /faults [probability [pool_tags [applications [delay_minutes]]]]

verifier /faultssystematic [<options> ...]

verifier /log <file_name> [/interval <seconds>]

verifier /volatile /flags <options> [<options> ...]

verifier /volatile /adddriver <name> [<name> ...]

verifier /volatile /removedriver <name> [<name> ...]

verifier /volatile /faults [probability [pool_tags [applications [delay_minutes]]]]

verifier /domain {wdm | ndis | ks | audio} [rules.all | rules.default]
   /driver ... [/logging | /livedump]

verifier /logging

verifier /livedump

Di seguito la lista delle opzioni per il comando verifier:

/? o /help
Visualizza questo messaggio della Guida.

/standard
Specifica i flag standard di Driver Verifier.

/all
Specifica che tutti i driver installati verranno verificati dopo il successivo avvio.

/driver <name> [<name> ...]
Specifica uno o più driver (nomi delle immagini) che verranno verificati.
I caratteri jolly (ad esempio n*.sys) non sono supportati.

/driver.exclude <name> [<name> ...]
Specifica uno o più driver (nomi delle immagini) che verranno esclusi dalla verifica. Questo parametro è applicabile solo se tutti i driver sono selezionati per la verifica. I caratteri jolly (ad esempio n*.sys) non sono supportati.

/flags <options> [<options> ...]
Specifica una o più opzioni che devono essere abilitate per la verifica.
I flag sono applicati a tutti i driver che vengono controllati da Driver Verifier. I valori delle opzioni forniti devono essere in formato decimale, esadecimale (prefisso "0x"), ottale (prefisso "0o") o binario (prefisso "0b").

Flag standard:
Le opzioni standard di Driver Verifier possono essere specificate con '/standard'.
La verifica WDF è inclusa in /standard ma non è inclusa qui.

0x00000001 (bit 0) - Pool speciale
0x00000002 (bit 1) - Imponi controllo IRQL
0x00000008 (bit 3) - Monitoraggio pool
0x00000010 (bit 4) - Verifica I/O
0x00000020 (bit 5) - Rilevamento blocco critico (deadlock)
0x00000080 (bit 7) - Verifica DMA
0x00000100 (bit 8) - Controlli di sicurezza
0x00000800 (bit 11) - Altri controlli
0x00020000 (bit 17) - Controllo conformità DDI

/query
Visualizza le impostazioni e le statistiche di runtime di Driver Verifier.

/querysettings
Visualizza un riepilogo delle opzioni e dei driver attualmente abilitati o le opzioni o i driver che verranno verificati dopo il successivo riavvio. La visualizzazione non include driver e opzioni aggiunti usando /volatile.

/bootmode
Specifica la modalità di avvio di Driver Verifier. Questa opzione richiede l'esecuzione del riavvio di sistema.

persistent   Assicura che le impostazioni di Driver Verifier siano persistenti tra i riavvii. Questo è il valore predefinito.

resetonbootfail   Disabilita i successivi riavvii di Driver Verifier se il sistema non viene riavviato.

Resetonunusualshutdown   Driver Verifier persiste fino al verificarsi di un arresto insolito. È possibile utilizzare l'abbreviazione 'rous'.

oneboot   Abilita Driver Verifier solo per il successivo avvio.

/persistthroughupgrade

Rende le impostazioni di Driver Verifier persistenti tramite l'aggiornamento. Driver Verifier verrà attivato durante l'aggiornamento del sistema.

/reset

Cancella le impostazioni dei driver e i flag di Driver Verifier. Questa opzione richiede l'esecuzione del riavvio del sistema.

Dello stesso autore:

- Stupidario tecnico: 101 frasi dette dai clienti all'Help Desk

- Come cercare e ottenere un lavoro: manuale per il successo

    How to look for and get a job: manual for success (Versione in inglese)

- How to buy high fidelity: bring quality audio into your home (Solo in inglese)

- The ultimate guide for speeding up your pc: go faster! Expert tips for top performances pc (Solo in inglese)

- Windows 10 al Top!: Trucchi e strumenti per sbloccare il potenziale del tuo pc Windows

- Windows 10 da riga di comando: Guida rapida alla command-line di Windows

    Windows 10 at the command-line: Quick reference guide to Windows 10's command-line (Versione in inglese)

Riccardo vorrebbe sapere le tue esperienze con questo libro (Il buono, il brutto e il cattivo).
Puoi scrivergli a: windows10darigadicomando@gmail.com